Thomas Grosjean

Eindrücke + Abdrücke

Thomas Grosjean

Eindrücke + Abdrücke

Notizbuch fürs Wandern, Pilgern und Reisen

Bibliografische Information der Deutschen Nationalbibliothek: Die Deutsche Nationalbibliothek verzeichnet diese Publikation in der Deutschen Nationalbibliografie; detaillierte bibliografische Daten sind im Internet über http://dnb.dnb.de abrufbar.

© 2021 Thomas Grosjean

www.Fundraising-Motivator.de

Herstellung und Verlag: BoD – Books on Demand, Norderstedt

ISBN: 9783754352434

Notizbuch

von

_____

Telefon _____

Adresse _____

Zeitraum: _____

Vorwort

Wanderungen und Pilgerwege erfahren seit Jahren einen Boom, der sich in der Corona-Pandemie weiter verstärkt hat.

In einem digitalen Zeitalter haben sich bestimmte Dinge immer noch nicht geändert. Der Stempelabdruck beim Erreichen eines Zieles oder einer Zwischenstation ist ein beliebtes Souvenir geblieben. Häufig gibt es diese Stempel noch an diesen Stellen:

- Gipfelkreuze
- Berghütten
- Almen
- Kirchen
- Gasthöfe
- Herbergen

Dieses Buch möchte dazu anregen, auf den eigenen Touren diese Kultur des Sammelns weiterzutragen und zu pflegen.

Zusätzlich können die Tourdaten auf der jeweiligen Seite notiert werden.

Gerade die Momente beim Erreichen eines Zieles oder einer Station sind oft sehr besonders. Nutzen Sie die Gelegenheit und dokumentieren Sie Ihre Eindrücke und Begegnungen.

So wird dieses Buch zu einer schönen Erinnerung!

Tour:

_____

Datum   : _____

Wetter   : _____

Startort : _____

Zielort   : _____

Begleiter : _____

Details zur Tour:

_____

_____

_____

Eindrücke + Gedanken + Begegnungen:

_____

_____

_____

_____

_____

_____

Stempelabdruck

Tour:

_____

Datum   : _____
Wetter   : _____
Startort : _____
Zielort : _____
Begleiter : _____

Details zur Tour:

_____

_____

_____

Eindrücke + Gedanken + Begegnungen:

_____

_____

_____

_____

_____

_____

Stempelabdruck

Tour:

_____

Datum : _____

Wetter : _____

Startort : _____

Zielort : _____

Begleiter : _____

Details zur Tour:

_____

_____

_____

Eindrücke + Gedanken + Begegnungen:

_____

_____

_____

_____

_____

_____

Stempelabdruck

Tour:

_____

Datum   : _____

Wetter   : _____

Startort   : _____

Zielort   : _____

Begleiter : _____

Details zur Tour:

_____

_____

_____

Eindrücke + Gedanken + Begegnungen:

_____

_____

_____

_____

_____

_____

Stempelabdruck

Tour:

_____

Datum : _____

Wetter : _____

Startort : _____

Zielort : _____

Begleiter : _____

Details zur Tour:

_____

_____

_____

Eindrücke + Gedanken + Begegnungen:

_____

_____

_____

_____

_____

_____

Stempelabdruck

Tour:

_____

Datum : _____

Wetter : _____

Startort : _____

Zielort : _____

Begleiter : _____

Details zur Tour:

_____

_____

_____

Eindrücke + Gedanken + Begegnungen:

_____

_____

_____

_____

_____

_____

Stempelabdruck

Tour:

_____

Datum : _____
Wetter : _____
Startort : _____
Zielort : _____
Begleiter : _____

Details zur Tour:

_____
_____
_____

Eindrücke + Gedanken + Begegnungen:

_____
_____
_____
_____
_____
_____

Stempelabdruck

Tour:

_____

Datum   : _____

Wetter   : _____

Startort : _____

Zielort   : _____

Begleiter : _____

Details zur Tour:

_____

_____

_____

Eindrücke + Gedanken + Begegnungen:

_____

_____

_____

_____

_____

_____

Stempelabdruck

Tour:

_____

Datum : _____

Wetter : _____

Startort : _____

Zielort : _____

Begleiter : _____

Details zur Tour:

_____

_____

_____

Eindrücke + Gedanken + Begegnungen:

_____

_____

_____

_____

_____

_____

Stempelabdruck

Tour:

_____

Datum : _____

Wetter : _____

Startort : _____

Zielort : _____

Begleiter : _____

Details zur Tour:

_____

_____

_____

Eindrücke + Gedanken + Begegnungen:

_____

_____

_____

_____

_____

_____

Stempelabdruck

Tour:

_____

Datum   : _____

Wetter   : _____

Startort   : _____

Zielort   : _____

Begleiter : _____

Details zur Tour:

_____

_____

_____

Eindrücke + Gedanken + Begegnungen:

_____

_____

_____

_____

_____

_____

Stempelabdruck

Tour:

_____

Datum : _____

Wetter : _____

Startort : _____

Zielort : _____

Begleiter : _____

Details zur Tour:

_____

_____

_____

Eindrücke + Gedanken + Begegnungen:

_____

_____

_____

_____

_____

_____

Stempelabdruck

18

Tour:

_____

Datum   : _____

Wetter   : _____

Startort   : _____

Zielort   : _____

Begleiter : _____

Details zur Tour:

_____

_____

_____

Eindrücke + Gedanken + Begegnungen:

_____

_____

_____

_____

_____

_____

Stempelabdruck

Tour:

_____

Datum : _____
Wetter : _____
Startort : _____
Zielort : _____
Begleiter : _____

Details zur Tour:

_____

_____

_____

Eindrücke + Gedanken + Begegnungen:

_____

_____

_____

_____

_____

_____

Stempelabdruck

Tour:

_____

Datum : _____

Wetter : _____

Startort : _____

Zielort : _____

Begleiter : _____

Details zur Tour:

_____

_____

_____

Eindrücke + Gedanken + Begegnungen:

_____

_____

_____

_____

_____

_____

Stempelabdruck

Tour:

_____

Datum   : _____

Wetter   : _____

Startort   : _____

Zielort   : _____

Begleiter : _____

Details zur Tour:

_____

_____

_____

Eindrücke + Gedanken + Begegnungen:

_____

_____

_____

_____

_____

_____

Stempelabdruck

Tour:

_____

Datum : _____

Wetter : _____

Startort : _____

Zielort : _____

Begleiter : _____

Details zur Tour:

_____

_____

_____

Eindrücke + Gedanken + Begegnungen:

_____

_____

_____

_____

_____

_____

Stempelabdruck

Tour:

_____

Datum : _____
Wetter : _____
Startort : _____
Zielort : _____
Begleiter : _____

Details zur Tour:

_____

_____

_____

Eindrücke + Gedanken + Begegnungen:

_____

_____

_____

_____

_____

_____

Stempelabdruck

Tour:

_____

Datum : _____

Wetter : _____

Startort : _____

Zielort : _____

Begleiter : _____

Details zur Tour:

_____

_____

_____

Eindrücke + Gedanken + Begegnungen:

_____

_____

_____

_____

_____

_____

Stempelabdruck

Tour:

_____

Datum : _____

Wetter : _____

Startort : _____

Zielort : _____

Begleiter : _____

Details zur Tour:

_____

_____

_____

Eindrücke + Gedanken + Begegnungen:

_____

_____

_____

_____

_____

_____

Stempelabdruck

Tour:

_____

Datum : _____

Wetter : _____

Startort : _____

Zielort : _____

Begleiter : _____

Details zur Tour:

_____

_____

_____

Eindrücke + Gedanken + Begegnungen:

_____

_____

_____

_____

_____

_____

Stempelabdruck

Tour:

_____

Datum : _____

Wetter : _____

Startort : _____

Zielort : _____

Begleiter : _____

Details zur Tour:

_____

_____

_____

Eindrücke + Gedanken + Begegnungen:

_____

_____

_____

_____

_____

_____

Stempelabdruck

Tour:
_____

Datum : _____
Wetter : _____
Startort : _____
Zielort : _____
Begleiter : _____

Details zur Tour:

_____
_____
_____

Eindrücke + Gedanken + Begegnungen:

_____
_____
_____
_____
_____
_____

Stempelabdruck

Tour:

_____

Datum : _____

Wetter : _____

Startort : _____

Zielort : _____

Begleiter : _____

Details zur Tour:

_____

_____

_____

Eindrücke + Gedanken + Begegnungen:

_____

_____

_____

_____

_____

_____

Stempelabdruck

Tour:

_____

Datum   : _____
Wetter   : _____
Startort : _____
Zielort : _____
Begleiter : _____

Details zur Tour:

_____

_____

_____

Eindrücke + Gedanken + Begegnungen:

_____

_____

_____

_____

_____

_____

Stempelabdruck

Tour:

_____

Datum : _____

Wetter : _____

Startort : _____

Zielort : _____

Begleiter : _____

Details zur Tour:

_____

_____

_____

Eindrücke + Gedanken + Begegnungen:

_____

_____

_____

_____

_____

_____

Stempelabdruck

Tour:

_____

Datum   : _____

Wetter   : _____

Startort : _____

Zielort : _____

Begleiter : _____

Details zur Tour:

_____

_____

_____

Eindrücke + Gedanken + Begegnungen:

_____

_____

_____

_____

_____

_____

Stempelabdruck

Tour:

_____

Datum : _____
Wetter : _____
Startort : _____
Zielort : _____
Begleiter : _____

Details zur Tour:

_____
_____
_____

Eindrücke + Gedanken + Begegnungen:

_____
_____
_____
_____
_____
_____

Stempelabdruck

Tour:

_____

Datum : _____
Wetter : _____
Startort : _____
Zielort : _____
Begleiter : _____

Details zur Tour:

_____

_____

_____

Eindrücke + Gedanken + Begegnungen:

_____

_____

_____

_____

_____

_____

Stempelabdruck

Tour:

_____

Datum   : _____

Wetter   : _____

Startort   : _____

Zielort   : _____

Begleiter : _____

Details zur Tour:

_____

_____

_____

Eindrücke + Gedanken + Begegnungen:

_____

_____

_____

_____

_____

_____

Stempelabdruck

Tour:

_____

Datum : _____
Wetter : _____
Startort : _____
Zielort : _____
Begleiter : _____

Details zur Tour:

_____

_____

_____

Eindrücke + Gedanken + Begegnungen:

_____

_____

_____

_____

_____

_____

Stempelabdruck

Tour:

_____

Datum   : _____

Wetter   : _____

Startort   : _____

Zielort   : _____

Begleiter : _____

Details zur Tour:

_____

_____

_____

Eindrücke + Gedanken + Begegnungen:

_____

_____

_____

_____

_____

_____

Stempelabdruck

38

Tour:

_____

Datum   : _____
Wetter   : _____
Startort : _____
Zielort : _____
Begleiter : _____

Details zur Tour:

_____

_____

_____

Eindrücke + Gedanken + Begegnungen:

_____

_____

_____

_____

_____

_____

Stempelabdruck

Tour:

_____

Datum : _____

Wetter : _____

Startort : _____

Zielort : _____

Begleiter : _____

Details zur Tour:

_____

_____

_____

Eindrücke + Gedanken + Begegnungen:

_____

_____

_____

_____

_____

_____

Stempelabdruck

Tour:

_____

Datum : _____

Wetter : _____

Startort : _____

Zielort : _____

Begleiter : _____

Details zur Tour:

_____

_____

_____

Eindrücke + Gedanken + Begegnungen:

_____

_____

_____

_____

_____

_____

Stempelabdruck

Tour:

_____

Datum : _____

Wetter : _____

Startort : _____

Zielort : _____

Begleiter : _____

Details zur Tour:

_____

_____

_____

Eindrücke + Gedanken + Begegnungen:

_____

_____

_____

_____

_____

_____

Stempelabdruck

Tour:

_____

Datum : _____

Wetter : _____

Startort : _____

Zielort : _____

Begleiter : _____

Details zur Tour:

_____

_____

_____

Eindrücke + Gedanken + Begegnungen:

_____

_____

_____

_____

_____

_____

Stempelabdruck

Tour:

_____

Datum : _____

Wetter : _____

Startort : _____

Zielort : _____

Begleiter : _____

Details zur Tour:

_____

_____

_____

Eindrücke + Gedanken + Begegnungen:

_____

_____

_____

_____

_____

_____

Stempelabdruck

Tour:

_____

Datum : _____

Wetter : _____

Startort : _____

Zielort : _____

Begleiter : _____

Details zur Tour:

_____

_____

_____

Eindrücke + Gedanken + Begegnungen:

_____

_____

_____

_____

_____

_____

Stempelabdruck

Tour:

_____

Datum : _____

Wetter : _____

Startort : _____

Zielort : _____

Begleiter : _____

Details zur Tour:

_____

_____

_____

Eindrücke + Gedanken + Begegnungen:

_____

_____

_____

_____

_____

_____

Stempelabdruck

Tour:

_____

Datum   : _____

Wetter   : _____

Startort   : _____

Zielort   : _____

Begleiter : _____

Details zur Tour:

_____

_____

_____

Eindrücke + Gedanken + Begegnungen:

_____

_____

_____

_____

_____

_____

Stempelabdruck

Tour:

_____

Datum : _____

Wetter : _____

Startort : _____

Zielort : _____

Begleiter : _____

Details zur Tour:

_____

_____

_____

Eindrücke + Gedanken + Begegnungen:

_____

_____

_____

_____

_____

_____

Stempelabdruck

Tour:
_____

Datum : _____
Wetter : _____
Startort : _____
Zielort : _____
Begleiter : _____

Details zur Tour:
_____
_____
_____

Eindrücke + Gedanken + Begegnungen:
_____
_____
_____
_____
_____
_____

Stempelabdruck

Tour:

_____

Datum : _____

Wetter : _____

Startort : _____

Zielort : _____

Begleiter : _____

Details zur Tour:

_____

_____

_____

Eindrücke + Gedanken + Begegnungen:

_____

_____

_____

_____

_____

_____

Stempelabdruck

50

Tour:

_____

Datum : _____

Wetter : _____

Startort : _____

Zielort : _____

Begleiter : _____

Details zur Tour:

_____

_____

_____

Eindrücke + Gedanken + Begegnungen:

_____

_____

_____

_____

_____

_____

Stempelabdruck

Tour:

_____

Datum   : _____
Wetter   : _____
Startort   : _____
Zielort   : _____
Begleiter   : _____

Details zur Tour:

_____

_____

_____

Eindrücke + Gedanken + Begegnungen:

_____

_____

_____

_____

_____

_____

Stempelabdruck

Tour:

_____

Datum   : _____
Wetter   : _____
Startort   : _____
Zielort   : _____
Begleiter   : _____

Details zur Tour:

_____

_____

_____

Eindrücke + Gedanken + Begegnungen:

_____

_____

_____

_____

_____

_____

Stempelabdruck

Tour:

_____

Datum   : _____

Wetter   : _____

Startort   : _____

Zielort   : _____

Begleiter   : _____

Details zur Tour:

_____

_____

_____

Eindrücke + Gedanken + Begegnungen:

_____

_____

_____

_____

_____

_____

Stempelabdruck

Tour:

_____

Datum   : _____

Wetter   : _____

Startort   : _____

Zielort   : _____

Begleiter : _____

Details zur Tour:

_____

_____

_____

Eindrücke + Gedanken + Begegnungen:

_____

_____

_____

_____

_____

_____

Stempelabdruck

Tour:

_____

Datum : _____

Wetter : _____

Startort : _____

Zielort : _____

Begleiter : _____

Details zur Tour:

_____

_____

_____

Eindrücke + Gedanken + Begegnungen:

_____

_____

_____

_____

_____

_____

Stempelabdruck

Tour:

_____

Datum   : _____

Wetter   : _____

Startort : _____

Zielort   : _____

Begleiter : _____

Details zur Tour:

_____

_____

_____

Eindrücke + Gedanken + Begegnungen:

_____

_____

_____

_____

_____

_____

Stempelabdruck

Tour:

_____

Datum : _____

Wetter : _____

Startort : _____

Zielort : _____

Begleiter : _____

Details zur Tour:

_____

_____

_____

Eindrücke + Gedanken + Begegnungen:

_____

_____

_____

_____

_____

_____

Stempelabdruck

Tour:

_____

Datum   : _____
Wetter : _____
Startort : _____
Zielort : _____
Begleiter : _____

Details zur Tour:

_____
_____
_____

Eindrücke + Gedanken + Begegnungen:

_____
_____
_____
_____
_____
_____

Stempelabdruck

Tour:

_____

Datum : _____

Wetter : _____

Startort : _____

Zielort : _____

Begleiter : _____

Details zur Tour:

_____

_____

_____

Eindrücke + Gedanken + Begegnungen:

_____

_____

_____

_____

_____

_____

Stempelabdruck

Tour:

_____

Datum   : _____

Wetter   : _____

Startort   : _____

Zielort   : _____

Begleiter : _____

Details zur Tour:

_____

_____

_____

Eindrücke + Gedanken + Begegnungen:

_____

_____

_____

_____

_____

_____

Stempelabdruck

Tour:

_____

Datum : _____

Wetter : _____

Startort : _____

Zielort : _____

Begleiter : _____

Details zur Tour:

_____

_____

_____

Eindrücke + Gedanken + Begegnungen:

_____

_____

_____

_____

_____

_____

Stempelabdruck

Tour:

_____

Datum   : _____
Wetter   : _____
Startort   : _____
Zielort   : _____
Begleiter : _____

Details zur Tour:

_____
_____
_____

Eindrücke + Gedanken + Begegnungen:

_____
_____
_____
_____
_____
_____

Stempelabdruck

Tour:

_____

Datum : _____

Wetter : _____

Startort : _____

Zielort : _____

Begleiter : _____

Details zur Tour:

_____

_____

_____

Eindrücke + Gedanken + Begegnungen:

_____

_____

_____

_____

_____

_____

Stempelabdruck

Tour:

_____

Datum   : _____

Wetter   : _____

Startort   : _____

Zielort   : _____

Begleiter : _____

Details zur Tour:

_____

_____

_____

Eindrücke + Gedanken + Begegnungen:

_____

_____

_____

_____

_____

_____

Stempelabdruck

Tour:

_____

Datum : _____

Wetter : _____

Startort : _____

Zielort : _____

Begleiter : _____

Details zur Tour:

_____

_____

_____

Eindrücke + Gedanken + Begegnungen:

_____

_____

_____

_____

_____

_____

Stempelabdruck

Tour:

_____

Datum : _____

Wetter : _____

Startort : _____

Zielort : _____

Begleiter : _____

Details zur Tour:

_____

_____

_____

Eindrücke + Gedanken + Begegnungen:

_____

_____

_____

_____

_____

_____

Stempelabdruck

Tour:

_____

Datum   : _____

Wetter   : _____

Startort : _____

Zielort   : _____

Begleiter : _____

Details zur Tour:

_____

_____

_____

Eindrücke + Gedanken + Begegnungen:

_____

_____

_____

_____

_____

_____

Stempelabdruck

Tour:

_____

Datum   : _____
Wetter   : _____
Startort : _____
Zielort : _____
Begleiter : _____

Details zur Tour:

_____
_____
_____

Eindrücke + Gedanken + Begegnungen:

_____
_____
_____
_____
_____
_____

Stempelabdruck

Tour:

_____

Datum   : _____

Wetter   : _____

Startort   : _____

Zielort   : _____

Begleiter : _____

Details zur Tour:

_____

_____

_____

Eindrücke + Gedanken + Begegnungen:

_____

_____

_____

_____

_____

_____

Stempelabdruck

Tour:

_____

Datum : _____

Wetter : _____

Startort : _____

Zielort : _____

Begleiter : _____

Details zur Tour:

_____

_____

_____

Eindrücke + Gedanken + Begegnungen:

_____

_____

_____

_____

_____

_____

Stempelabdruck

Tour:

_____

Datum   : _____
Wetter   : _____
Startort : _____
Zielort   : _____
Begleiter : _____

Details zur Tour:

_____

_____

_____

Eindrücke + Gedanken + Begegnungen:

_____

_____

_____

_____

_____

_____

Stempelabdruck

Tour:

_____

Datum   : _____

Wetter   : _____

Startort   : _____

Zielort   : _____

Begleiter : _____

Details zur Tour:

_____

_____

_____

Eindrücke + Gedanken + Begegnungen:

_____

_____

_____

_____

_____

_____

Stempelabdruck

Tour:

_____

Datum : _____

Wetter : _____

Startort : _____

Zielort : _____

Begleiter : _____

Details zur Tour:

_____

_____

_____

Eindrücke + Gedanken + Begegnungen:

_____

_____

_____

_____

_____

_____

Stempelabdruck

Tour:

_____

Datum	:	_____
Wetter	:	_____
Startort	:	_____
Zielort	:	_____
Begleiter	:	_____

Details zur Tour:

_____

_____

_____

Eindrücke + Gedanken + Begegnungen:

_____

_____

_____

_____

_____

_____

Stempelabdruck

Tour:

_____

Datum : _____

Wetter : _____

Startort : _____

Zielort : _____

Begleiter : _____

Details zur Tour:

_____

_____

_____

Eindrücke + Gedanken + Begegnungen:

_____

_____

_____

_____

_____

_____

Stempelabdruck

Tour:

_____

Datum   : _____
Wetter   : _____
Startort : _____
Zielort   : _____
Begleiter : _____

Details zur Tour:

_____

_____

_____

Eindrücke + Gedanken + Begegnungen:

_____

_____

_____

_____

_____

_____

Stempelabdruck

Tour:

_____

Datum   : _____
Wetter   : _____
Startort   : _____
Zielort   : _____
Begleiter   : _____

Details zur Tour:

_____

_____

_____

Eindrücke + Gedanken + Begegnungen:

_____

_____

_____

_____

_____

_____

Stempelabdruck

Tour:

_____

Datum   : _____

Wetter   : _____

Startort   : _____

Zielort   : _____

Begleiter : _____

Details zur Tour:

_____

_____

_____

Eindrücke + Gedanken + Begegnungen:

_____

_____

_____

_____

_____

_____

Stempelabdruck

Tour:

_____

Datum : _____
Wetter : _____
Startort : _____
Zielort : _____
Begleiter : _____

Details zur Tour:

_____
_____
_____

Eindrücke + Gedanken + Begegnungen:

_____
_____
_____
_____
_____
_____

Stempelabdruck

Tour:

_____

Datum : _____

Wetter : _____

Startort : _____

Zielort : _____

Begleiter : _____

Details zur Tour:

_____

_____

_____

Eindrücke + Gedanken + Begegnungen:

_____

_____

_____

_____

_____

_____

Stempelabdruck

Tour:

_____

Datum : _____

Wetter : _____

Startort : _____

Zielort : _____

Begleiter : _____

Details zur Tour:

_____

_____

_____

Eindrücke + Gedanken + Begegnungen:

_____

_____

_____

_____

_____

_____

Stempelabdruck

Tour:

_____

Datum   : _____

Wetter   : _____

Startort : _____

Zielort   : _____

Begleiter : _____

Details zur Tour:

_____

_____

_____

Eindrücke + Gedanken + Begegnungen:

_____

_____

_____

_____

_____

_____

Stempelabdruck

Tour:

_____

Datum : _____

Wetter : _____

Startort : _____

Zielort : _____

Begleiter : _____

Details zur Tour:

_____

_____

_____

Eindrücke + Gedanken + Begegnungen:

_____

_____

_____

_____

_____

_____

Stempelabdruck